PROGRAMME DE CONSTITUTION

PAR VOIE DE RÉFORMES SUCCESSIVES

OU

SYNTHÈSE

DE

PRINCIPES ÉCONOMIQUES

POLITIQUES ET RELIGIEUX

Conclusion d'enquête auprès des Membres de l'Assemblée nationale.

(PROJET DE RÉORGANISATION SOUMIS AUX CONSEILS GÉNÉRAUX.)

2e Edition

Les intérêts légitimes sont harmoniques.
BASTIAT.

PARIS

LIBRAIRIE GUILLAUMIN ET Cie

Rue Richelieu, 14

—

1871

DÉPENSES.

AVANT — Dépouillément des volumes distribués aux représentants.

		Millions.	Pour toute la France (milli.)	Pour chacun, moyenne (fr.)	(c.)
ÉTAT.	Guerre (terre et mer)	800			
	Justice	40			
	Cultes	50			
	Instruction	60			
	Travaux publ.	100			
	Dotation	50			
	Administrat.	100			
		1200			
	Intérêts : dettes antéri.	600			
	« 1870	600			
		1200			
	Recouvrement des impôts	300	2700	70	
			2700	70	»

APRÈS — Reproduction de la quittance de chaque contribuable.

		Millions	Pour toute la France (milli.)	Pour chacun, moyenne (fr.)	(c.)
ÉTAT.	Sûreté (magistrature, armée de terre et mer, trav. pub.)	200	200	5	15
PROVINCE OU DÉPART.	Sûreté (ministère public, gendarmerie)	200			
	Circulation (grandes voies de terre, fer, eau; ports).	200	400	10	35
COMMUNE (services permanents.)	Sûreté (police urbaine ou rurale).	200			
	Circulation (chemins, rues, ruisseaux).	200			
	Instruction primaire, prof., sup.	200	600	15	50
(services temporaires.)	Intérêts : dettes antérieures 600 « 1870 600	1200	1200	31	»
	Amortissement en 25 ans	300	1500	39	»
			2700	70	»

RECETTES.

AVANT

		Pour toute la France (Milli.)	Pour chacun, moyenne (fr)	(c.)
Contributions directes et indirectes; timbres; domaines; douanes, sels; postes; etc., etc.	Prélèvement sur les ressources sans aucune proportion possible avec les ressources.	2700	70	»
		2700	70	»

APRÈS

		Pour toute la France (Milli.)	Pour chacun, moyenne (fr)	(c.)
Répartition des dépenses de l'Etat par l'Assemblée nationale entre les provinces ou départements; des dépenses de ceux-ci par les assemblées provinciales ou départementales entre les communes; des dépenses de ces dernières par les assemblées communales entre les particuliers et perception commune sans frais au moyen de cette quittance.	Comme ci-contre avec cette différence que le prélèvement est proportionnel aux ressources.	2700	70	»
		2700	70	»

Le maintien temporaire du montant de cette balance, établie au-dessus des chiffres officiels de quelques centaines de millions, mais de bien davantage au-dessous de la vérité, est dû à la nécessité soit d'améliorer les services publics qui ont été négligés, soit d'arriver à l'amortissement le plus rapide possible de nos 24 milliards de dette. Ne point amortir, ne permettrait de diminuer les recettes que d'une somme relativement peu importante, 300 millions sur 2700 millions, 7,80 par personne sur 70 fr. Amortir au contraire de pareille somme, ce n'est point seulement éteindre la dette en *vingt-cinq* ans; c'est à la condition d'associer les provinces ou départements et les communes à cette opération en autorisant le rachat par elles, au cours, des titres de rente, moyennant payement, par voie d'imposition extraordinaire, escompter dès aujourd'hui la réduction ultérieure des impôts de 2700 à 1200 millions, soit de 70 à 31 fr. par personne, et réaliser sans frais, au profit de tous, l'emprunt des milliards dont nous avons besoin.

PROGRAMME DE CONSTITUTION.

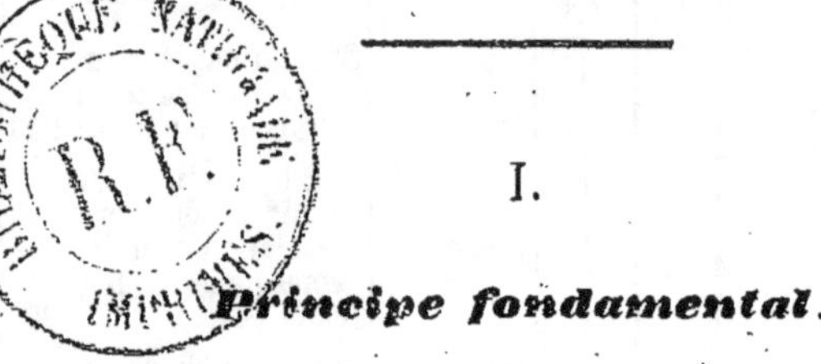

I.

Principe fondamental.

Restriction du rôle de l'État, considéré comme institution politique au sein d'une organisation sociale avancée, dans la spécialité de fait et de droit, qui permet de le définir : *l'organe de la force mise au service de l'ordre intérieur et de l'indépendance nationale.*

Unité politique, décentralisation administrative.

Sécurité fondée sur la sûreté; sûreté fondée elle-même sur l'économie, c'est-à-dire sur une bonne division des services.

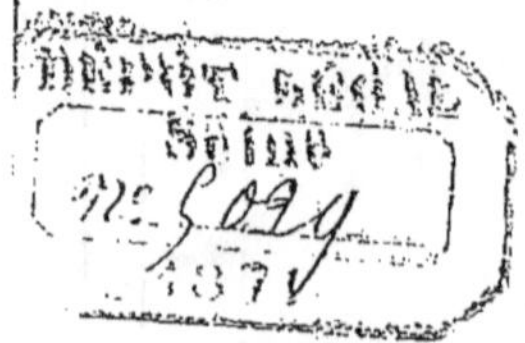

II.

Réforme électorale.

Division des services d'ordre naturel qui forment le fond de toutes les lois divines et humaines, le caractère de l'homme, le lien de la société, en services d'ordre naturel proprement dit, privés ou publics, qu'échangent plus ou moins librement entre eux les éléments ou organes élémentaires de l'humanité, et services d'ordre national plus ou moins librement imposés à ces éléments ou organes élémentaires par l'organisation politique dont ils font partie.

Inviolabilité de la propriété, c'est-à-dire des valeurs acquises par les différents organes élémentaires et éléments individuels dans l'exercice de leurs fonctions ; révocabilité par l'organe politique aussi bien que par tous autres organes publics ou privés, chacun en ce qui le concerne, de la possession ou des pouvoirs à l'aide desquels ces fonctions sont exercées.

Distinction des pouvoirs politiques ainsi institués en pouvoir représentatif émanant du suffrage universel, et pouvoir exécutif émanant du pouvoir représentatif, le premier collectif, chargé de l'étude, de la position et de la solution des questions dans la mesure où il réunit la compétence et l'impartialité et par conséquent du choix, en dehors de ses membres, des fonctionnaires appelés à exercer le second ; celui-ci individuel, non moins inaccessible individuellement que subordonné collectivement aux membres de celui-là, chargé de la mise en pratique, sous sa propre responsabilité, de tout ce qui ne fait plus question.

Application de ces principes à tous les degrés de la hiérarchie des pouvoirs, toute infraction qui pourrait y être faite, sous quelque forme qu'elle se produisît, d'intervention de l'autorité supérieure, de plébiscite ou de suppression d'incompatibilité, ne pouvant qu'être une cause de conflit.

Respect, dans l'établissement de cette hiérarchie des pouvoirs, du principe qui fait dépendre l'existence de toute organisation de la subordination des organes, et la subordination des organes de la diversité de fonctions spéciales dans l'unité d'une fonction plus générale.

Décomposition, d'après ce principe, de la fonction politique ou fonction générale de force en fonction spécialement dite politique, parce qu'elle se rapporte à l'organisation supérieure de la force dans chaque nation, et qu'elle tient sous sa dépendance tous les services politiques en tant qu'ils intéressent la sûreté nationale, et fonction administrative ainsi nommée parce qu'elle ne concerne que l'administration ou l'organisation secondaire de la force.

Décomposition de cette fonction administrative elle-même, laquelle ne diffère de la fonction politique proprement dite que par le degré de généralité, en fonction administrative d'une nature générale, composée de services intéressant le plus directement la force dans l'intérieur du pays, et comprenant, avec une part de l'administration de la sûreté publique, l'organisation de la circulation, et fonction administrative d'une nature moins générale, bien que d'une utilité fort commune encore.

Décomposition de cette fonction administrative, à son tour, en services de sûreté privée, de circulation locale et d'instruction personnelle, la force matérielle résultant, par le fait de cette simple division des services, de l'union de toutes les forces individuelles librement développées.

Distribution de ces diverses fonctions constitutives de l'État, entre l'État proprement dit chargé de la fonction politique proprement dite, la province ou département chargé de la fonction d'administration générale, et la commune chargée de la fonction d'administration communale.

Gestion, par l'organe chargé de chaque fonction, des biens meubles et immeubles, ainsi que de la partie du domaine public ou privé, dépendant de ses services.

Reconnaissance du devoir du suffrage universel de s'organiser lui-même, sur ces bases, au
mieux de ses intérêts divers ou plus ou moins
généraux, pour l'exercice de son droit, par l'institution de Comités électoraux permanents.

Conciliation du principe qui fonde la représentation sur le chiffre de la population et du principe qui fonde la représentation sur l'opposition
harmonique des intérêts légitimes : délimitation
des circonscriptions administratives, d'après les
exigences les plus générales des services politiques
et des circonscriptions électorales, d'après les
exigences particulières ou possibles des mêmes
services, eu égard à un chiffre donné de population, de manière qu'il y ait toujours pour chaque
assemblée un représentant par circonscription
électorale et une circonscription électorale par représentant.

Composition ainsi obtenue : de l'unité politique,
appelée spécialement État, représentée par
l'Assemblée nationale, au moyen de circonscriptions électorales, arrondissements ou sections
d'arrondissements, villes et campagnes, et formées chacune d'un nombre d'électeurs déterminé quant à son minimum par la possibilité
d'apercevoir ou de supposer un intérêt politique
distinct, et quant à son maximum par la convenance d'arriver à l'unanimité de confiance dans
le même candidat, au point de vue d'un intérêt
politique commun ; des circonscriptions administratives appelées provinces ou départements, suivant leur importance ou leur étendue, comprenant
chacune un ou plusieurs arrondissements et représentées par les conseils généraux, au moyen
de circonscriptions électorales, appelées cantons

ou sections de cantons, villes et campagnes, et formées chacune d'un nombre d'électeurs déterminé quant à son minimum par la possibilité d'apercevoir ou de supposer un intérêt distinct au point de vue de l'administration générale, et quant à son maximum par la convenance d'arriver à l'unanimité de confiance dans le même candidat, au point de vue de l'intérêt commun, tant politique que d'administration générale; enfin des circonscriptions administratives appelées communes, représentées par les Conseils municipaux, et comprenant chacune soit plusieurs cantons, soit un canton entier, soit une fraction de canton, au moyen de circonscriptions électorales appelées quartiers ou sections de quartiers, villes et campagnes, et formées chacune d'un nombre d'électeurs déterminé, quant à son minimum, par la possibilité d'apercevoir ou de supposer un intérêt municipal distinct, et quant à son maximum par la convenance d'arriver à l'unanimité de confiance dans le même candidat, au point de vue de l'intérêt commun, tant politique et d'administration générale que municipal.

Administration supérieure de la capitale ou chef-lieu de l'unité politique par l'Assemblée nationale, des chefs-lieux de province ou de département par les assemblées provinciales ou départementales, comme des chefs-lieux de commune par l'assemblée communale, au moyen de la réunion des divers ordres d'assemblée.

Option laissée aux grandes villes, d'être ou de n'être pas le chef-lieu de circonscriptions administratives proportionnées à leur importance, ou même de ne faire partie d'aucune autre circonscription administrative que celle de leur enceinte, et de s'administrer elles-mêmes, dans ce cas, en villes libres, c'est-à-dire avec deux ordres d'assemblées, comme les provinces ou départements, ou avec une seule assemblée, comme les simples communes, sauf les cas de tutelle ou d'interdiction.

Tutelle ou interdiction, en cas d'inaptitude ou de désordre, des assemblées inférieures par les assemblées supérieures, avec droit de nomination provisoire des maires par les préfets ou gouverneurs, des préfets ou gouverneurs par le chef du pouvoir exécutif.

Nomination, sous ces réserves, des maires par les assemblées communales, des préfets ou gouverneurs par les assemblées départementales ou provinciales, du chef du pouvoir exécutif, enfin, par l'Assemblée nationale, avec obligation pour toutes ces représentations, de ne choisir, chacune en ce qui la concerne, comme son mandataire ou le délégué de son autorité, en qualité de fonctionnaire, qu'un administrateur ne faisant pas partie d'elle-même et ayant déjà fait, dans les services publics ou privés, son apprentissage et ses preuves : choix, par préférence, du Préfet ou Gouverneur parmi les Maires, du Chef du pouvoir exécutif parmi les Préfets ou Gouverneurs.

Renouvellement par tiers, chaque année, non nécessairement dans un seul et même jour pour tout l'État, mais dans un seul et unique jour pour chaque circonscription administrative, des trois ordres d'assemblée ; déplacement le plus petit et le moins fréquent possible de l'électeur ; élection pour chaque circonscription politique et administrative, à tour de rôle, au centre de la circonscription électorale correspondante, d'un représentant unique à la majorité absolue des suffrages.

Fixation, dans les limites de la loi, des conditions auxquelles peut s'acquérir ou se perdre la qualité d'électeur, d'éligible et d'élu par les assemblées communales, par les assemblées provinciales ou départementales, par l'Assemblée nationale, enfin chacune en ce qui concerne soit son pouvoir représentatif, soit son pouvoir exécutif.

III.

Réforme militaire et judiciaire.

Détermination, d'après la loi historique de la suppression graduelle de l'hérédité des fonctions en général et notre expérience particulière de ces quatre-vingts dernières années en ce qui concerne la fonction suprême, des conditions de renouvellement du pouvoir exécutif par le pouvoir représentatif, de façon à assurer la permanence du pouvoir exécutif aussi bien que la perpétuité du pouvoir représentatif, non malgré sa révocabilité, mais à raison de sa révocabilité même.

Réglementation par l'assemblée nationale de ses modes de rapport avec le chef du pouvoir exécutif dans un sens assez libéral pour permettre l'usage, assez conservateur pour interdire l'abus de son droit de révocation.

Assimilation à cet effet de la révocation aussi bien que de la nomination du chef du pouvoir exécutif, à l'acte qui doit être entouré des plus grandes garanties de liberté, de raison, d'intérêt, c'est-à-dire à une loi, et renonciation tacite, par voie de conséquence, à toute proclamation anticipée, soit d'un terme fatal, soit d'une hérédité décevante.

Communication du chef du pouvoir exécutif avec l'assemblée nationale par la voie de message; de l'assemblée nationale avec le chef du pouvoir exécutif par le ministère des chefs de la majorité.

Suppléance en cas de vacance, du chef du pouvoir exécutif par le président du conseil des ministres.

Choix du chef du pouvoir exécutif, par l'Assemblée nationale, en dehors du ministère, parmi les préfets ou gouverneurs qui se seront le plus distingués par leur capacité; choix par le chef du pouvoir exécutif des chefs supérieurs de l'administration des deux grands services de l'Etat proprement dit, la justice et la défense nationale, en dehors du ministère, parmi les magistrats ou les officiers s'étant les plus signalés, en province, par leur capacité, à la tête de la magistrature ou de l'armée.

Indépendance, ainsi entendue, tant du chef du pouvoir exécutif, que de la magistrature et de l'armée.

Coïncidence dans la délimitation des ressorts de Cour d'appel et des grands commandements militaires, comprenant chacun une ou plusieurs provinces ou départements.

Installation, après enquête sur les lieux, par le juge et le général, inspecteurs délégués du chef de la magistrature et de l'armée dans le ressort ou le commandement d'un colonel et d'un président de tribunal, dans chaque arrondissement, d'un capitaine instructeur et d'un juge de paix dans chaque canton.

Obligation pour tous les citoyens, solidairement par province ou département et par commune, du service militaire sur terre ou sur mer et du jury.

Suspension des droits électoraux pendant l'accomplissement des devoirs militaires; suspension des devoirs juridiques pendant l'exercice des droits électoraux.

Proposition par le capitaine instructeur et le juge de paix aux juges présidents des tribunaux et des Cours ou aux officiers supérieurs préposés aux divisions et aux grands commandements de la liste annuelle des hommes en mesure de payer leur dette à la patrie comme soldats ou comme jurés dans chaque spécialité.

Prorogation de l'époque du service tant militaire que juridique, jusqu'à due constatation d'une instruction primaire et d'une moralité suffisante.

Recrutement des officiers et des magistrats, non parmi les jeunes gens sortant des écoles de droit ou des écoles polytechniques, mais parmi les hommes d'élite des corps militaires ou juridiques, pourvus de diplômes tenant compte de l'élection et de l'examen.

Promotions ainsi faites, par la magistrature et par l'armée elles-mêmes respectivement dans la magistrature et dans l'armée.

Investiture des emplois après collation des grades; collation des grades après justification de degrés d'instruction non-seulement théorique mais pratique, et de moralité non-seulement générale mais professionnelle.

Illustration, successivement ainsi rendue possible, des enfants du même pays, par la spécialisation tant du jury que de l'armée sur le double champ d'honneur de la défense nationale et de la justice.

Couronnement de l'organisation judiciaire par une Cour de cassation, de l'organisation militaire par une Cour d'État major ou académie militaire, admettant l'une des auditeurs, l'autre des élèves, et composées l'une et l'autre d'après les principes ci-dessus, moins par élection que par sélection.

IV.

Réforme financière.

Responsabilité, ainsi établie, de toutes les assemblées devant le suffrage universel qui les élit ; des mandataires de toutes ces assemblées exerçant l'autorité ou le pouvoir exécutif, devant les assemblées qui les choisissent ; des chefs de la magistrature et de l'armée devant le Chef du pouvoir exécutif qui les nomme ; de tous les fonctionnaires de l'ordre administratif, comme des simples citoyens, suivant la nature de leurs actes, devant la loi civile ou militaire.

Établissement, dans ces conditions, par chaque assemblée, de son budget de recettes aussi bien que de dépenses, dans les limites fixées par la constitution ou la loi, et perception aussi directe que possible d'impôts aussi modérés que possible, d'une façon aussi sincère que possible.

Répartition des dépenses nationales par l'Assemblée nationale entre les provinces ou départements, proportionnellement à leurs facultés ; répartition tant de leur quote part de dépenses nationales que de leurs dépenses propres, par

les assemblées provinciales ou départementales
entre les communes, proportionnellement à leurs
facultés; répartition tant de leur quote part de
dépenses nationales et provinciales ou départementales, que de leurs dépenses propres, par
les assemblées communales entre les particuliers,
proportionnellement à leurs facultés.

Addition au montant individuel des impôts, en
vertu de jugement, de tous dommages intérêts
ou amendes, comme aussi par voie administrative, de toute somme due, pour dispense, dans les
cas prévus par la loi, de l'obligation militaire ou
juridique.

Libération possible du montant de toutes
contributions, de gré à gré entre l'assemblée
communale et chaque intéressé, sous telle forme
que ce soit, argent, nature ou travail.

Soulagement spécial du malheureux par voie de
dégrèvement sur l'ensemble de ses contributions.

Solidarité de la commune vis-à-vis de la province, ou du département; solidarité de la province ou du département vis-à-vis de l'Etat.

Recouvrement des impôts sans transports, ni
mouvements de fonds, au moyen de mandats ou
quittances par l'Etat sur les provinces ou départements; par les provinces ou départements sur les
communes; par les communes sur les particuliers.

Délivrance à chaque chef de famille ou citoyen,
chaque année à partir de sa majorité, en même
temps que de sa carte d'électeur, qui lui tiendra
au besoin lieu de passe-port, de la quittance de
toutes ses contributions.

Indication sur cette quittance, participant,
quant à sa nature, des quittances des compagnies
d'assurances, et quant à sa forme des titres nomi-

natifs des compagnies de chemins de fer, et fractionnable par douzièmes et au delà, des époques de
toutes les échéances, et de la répartition entre les
divers services publics de la somme totale à payer.

Limitation de la somme, ainsi connue de chacun et de tous, quant au total, par une fraction
déterminée des revenus, des ressources, des profits de chaque citoyen, et, quant à la répartition, par une proportion comme celle-ci, par
exemple : *un*, des facultés de chacun pour l'Etat,
deux pour la province ou le département, *trois*
pour la commune.

Décompte à part de l'intérêt et de l'amortissement de nos dettes avec spécification de l'origine.

Substitution, ainsi opérée, au moyen d'une
économie annuelle de plusieurs centaines de
millions sur les frais de perception, de la livraison et de la destruction effectives des titres de
rente rachetés par les communes au fonctionnement de la caisse d'amortissement et du contrôle
de chaque intéressé au contrôle des assemblées
devenues elles-mêmes des conseils d'administration.

Remplacement ainsi successivement effectué
au moyen d'une taxation directe non pas unique,
mais universelle et annuelle, et pour ces deux
raisons, proportionnelle, par l'État, les départements ou provinces, les communes, de tous impôts sur la consommation aussi bien que sur la
production tant matérielle qu'immatérielle tous,
dans l'état des choses, plus ou moins, à la longue,
progressifs à rebours.

Epuration et moralisation simultanée et corrélative, ainsi obtenue, tant de l'impôt, de l'armée et
du jury, que du suffrage universel par la subordi-

nation rendue apparente, puis réelle, de l'exercice du suffrage à l'acquittement des obligations du citoyen.

Rétablissement non du cens, mais du sens électoral : interdiction de la politique par l'introduction de l'administration.

Vérification des pièces justificatives de l'application de ces principes par une Cour spéciale ; inspection par ses délégués des livres des provinces ou départements et des communes et des registres accessoires (état civil et cadastre), et tenue par ses soins de la comptabilité de la France en partie double, tout article passé au crédit de l'Etat proprement dit, d'une province ou département, ou d'une commune, devant figurer au débit de leurs services propres, et tout article inscrit à leur débit devant être porté au crédit d'une branche spéciale de la production nationale.

Couronnement de l'organisation financière par la Cour des comptes ainsi réorganisée : admission à la Cour des comptes de même qu'à la Cour de cassation et à la Cour d'Etat major, après examen, à titre de stage, après une carrière parcourue, à titre de récompense.

V.

Réforme administrative.

Rétrocession aux associations de tous ordres, de la faculté d'acquérir ou de posséder, par tous les moyens de droit commun, sous le bénéfice de la distinction également de droit commun entre la valeur qui est inviolable et la possession qui peut toujours être révoquée pour cause d'utilité publique dûment constatée; fixation, pour éviter tout malentendu à ce sujet, par les assemblées provinciales ou départementales et communales, dans les limites de la loi, de l'étendue ou de la durée des possessions autorisées.

Séparation financière, sous cette condition, moyennant juste et préalable indemnité aux titulaires dépossédés, dans les plus courts délais financièrement possibles, de l'État et de toutes les fonctions publiques funestes, inutiles, ou pouvant être remplies autrement que par voie d'impôts; restitution de leur liberté à tous les services n'intéressant ni la justice ni la défense nationale.

Faculté laissée à l'initiative privée d'organiser ou de réorganiser tous ceux de ces services, cessant ainsi d'être non pas, à proprement parler, publics, mais politiques ou imposés, dont l'utilité publique, ne permettra pas la fin.

Réorganisation, sous l'empire de la loi commune, de l'Église et de l'Université.

Fondation, d'après ces modèles, d'institutions pédagogiques, *gymnastiques*, hygiéniques, médicales, hospitalières, charitables, morales, religieuses, économiques, scientifiques, littéraires, artistiques, commerciales, financières, industrielles, maritimes et agricoles s'administrant elles-mêmes.

Concession, par voie d'aliénation et moyennant paiement du prix, à ces associations, en pleine propriété, des meubles et immeubles dépendant de leurs services.

Moralisation ainsi rendue possible, par voie de juridiction intérieure et disciplinaire, de l'exercice des professions tant ouvrières que libérales, reconstituées, non en corporations privilégiées et fer-

mées, mais en associations soumises à la concur-
rence et, par suite, toujours ouvertes.

Equilibre des différentes classes dans le sein
de chacune de ces associations ; pondération de
ces associations l'une par l'autre, dans le sein de
chambres consultatives, formées par la réunion
de leurs membres, aux divers degrés de la hiérarchie politique et administrative.

Représentation permanente consultative ainsi
obtenue des intérêts non plus politiques ou admi-
nistratifs, mais sociaux, auprès des assemblées
communales, par des commissions ou syndicats
cantonaux ; auprès des assemblées départementales ou provinciales par des chambres consultatives ou conseils supérieurs ; auprès de l'Assemblée nationale, enfin, par un conseil d'État.

Régularisation progressive de cette organisation par l'établissement naturel d'un certain rapport entre la composition des syndicats ou commissions, des chambres ou conseils supérieurs,
du conseil d'État, et le montant des impôts inscrits
au compte de chaque spécialité, sur le budget des
assemblées.

Recours ouvert aux réclamations particulières
devant les syndicats ou commissions contre les
particuliers de chaque profession en vue d'un
accord amiable ; devant les chambres ou conseils
supérieurs contre les agents et fonctionnaires de
l'ordre administratif, en vue de redressements
sans frais ; devant le conseil d'Etat enfin, contre
les chefs ou les membres de la magistrature et
de l'armée, en vue de peines disciplinaires entraînant, au besoin, l'autorisation de poursuites.

Usage ainsi facilité à tous les citoyens, non
seulement sous le rapport de l'application, mais

sous le rapport du principe, de leur droit de surveillance sur les services de l'État, au moyen de mandataires intéressés à faire rendre à ces services tout ce qu'ils peuvent rendre et rien de plus, à les bien distribuer entre les diverses assemblées, et à diminuer non-seulement leur prix, mais leur nombre au profit de la production nationale.

Diminution ainsi assurée de toutes les erreurs ou entraves administratives, de tous les inconvénients et frais résultant au seul profit de la bureaucratie publique et privée du défaut d'organisation judiciaire, militaire ou financière.

Développement non moins assuré ainsi, tant dans les campagnes que dans les villes, des véritables services de l'Etat, aussi bien d'ordre administratif que d'ordre politique, et relatifs notamment soit à la sûreté, soit à l'instruction, soit à la circulation.

Police par les assemblées municipales, au moyen de gardes, en ce qui concerne les communes rurales ; au moyen de commissaires et d'agents de la force publique en ce qui concerne les communes urbaines.

Ministère public par les assemblées départementales ou provinciales au moyen de procureurs et d'avocats, et avec l'aide tant de la police et de la gendarmerie que des spécialités compétentes, ingénieurs, médecins, professeurs.

Rachat par les mêmes assemblées des dernières charges publiques, en vue de rendre à la liberté celles qui n'ont qu'un caractère purement commercial, et de limiter, d'après l'intérêt général, le nombre de celles qui peuvent intéresser l'administration de la justice ou la sûreté publique.

Amélioration de la canalisation, de la navigation fluviale et de l'outillage maritime aussi bien que de la justice et de la gendarmerie; institution, sous le patronage des grandes villes, d'écoles provinciales ou départementales de tous ordres.

Introduction dans l'enseignement des diverses écoles ét des colléges de cours théoriques et d'exercices pratiques, permettant aux jeunes gens d'être, après examen, dispensés des obligations imposées pour leur instruction à tous les citoyens comme jurés et comme soldats, et de voir réduire le temps qui leur sera demandé à l'un ou à l'autre de ces titres, au nombre de mois que chacun uniformément devra comme service.

Enquête naturelle obligeant l'assemblée nationale à ne faire que de bonnes lois, ne sacrifiant ni à l'intérêt du fisc, ni à celui d'une branche particulière de la production, l'intérêt général de la consommation reproductive.

Protection de l'agriculture par la liberté de l'industrie et du commerce; protection de l'industrie par la liberté de l'agriculture et du commerce; protection du commerce par la liberté de l'agriculture et de l'industrie.

Encouragement de la production par la conversion d'une somme toujours croissante de produits en travail, en intelligence, en capital.

Association constante de ces trois agents de production pour la mise en œuvre de conceptions d'un ordre nouveau jugé avec raison inabordable aujourd'hui.

Satisfaction de plus en plus complète des besoins publics par l'initiative privée ainsi organisée.

Réduction, en fin de compte, ainsi motivée des impôts.

Couronnement de cette organisation administrative par la transformation de la totalité de la plupart de nos ministères actuels, notamment de l'Agriculture et du Commerce, des Travaux publics, de l'Instruction publique et des Cultes, de l'Intérieur, des Affaires étrangères, et de toute la partie industrielle et commerciale de ceux de la Guerre et de la Marine, et de la Justice, en sections du Conseil d'État, devenu ainsi pour l'initiative privée ce que la Cour de cassation, la Cour d'état-major, la Cour des comptes, doivent devenir respectivement pour la magistrature, pour l'armée, pour les finances de l'État, le foyer des lumières du pays, et l'école de son gouvernement par lui-même.

VI.

Réforme législative.

Consécration de la séparation de l'État et du Conseil d'État, par l'institution d'un Sénat chargé de s'opposer à la violation des principes antérieurs et supérieurs à toute constitution, que cette séparation suppose, et de contribuer à réduire ces principes, avec le concours de tous, en un texte de plus en plus exact formant les lois de l'État.

Élévation à la dignité de sénateur par l'Assemblée nationale, sur la présentation du conseil d'État, tant des anciens chefs du pouvoir exécutif, des anciens gouverneurs, préfets, ou maires que des anciens chefs ou membres de la magistrature et de l'armée ; et par les assemblées provinciales ou départementales, sur la proposition des assemblées communales, d'un nombre proportionné de représentants de l'intelligence, du capital et du travail, pris dans le sein de l'Assemblée nationale ou du conseil d'État.

Désignation par la loi des cas de violation de l'Assemblée nationale entraînant sa suppléance par le Sénat, comme aussi des cas de dissolution du Sénat par lui-même, entraînant la mise en état de siége de l'Assemblée nationale par les provinces ou départements organisés.

Réunion à perpétuité, dans ces conditions, par l'Assemblée nationale, du pouvoir constituant au pouvoir législatif, dans le sein de son pouvoir représentatif.

Élaboration sur l'initiative de l'opinion publique et de la presse, des projets de lois de l'État par le conseil d'État; communication officieuse à la Cour de cassation, à la Cour d'État major et à la Cour des comptes; présentation à l'Assemblée nationale, et au Sénat et première délibération; discussion par les assemblées communales; rédaction d'observations et de vœux par les assemblées départementales ou provinciales; adoption, après renvoi au Conseil d'État et deuxième délibération, par l'Assemblée nationale; contrôle par le sénat.

Promulgation par le chef du pouvoir exécutif.

Multiplication des organes, simplification de la fonction : réduction de la fonction législative à la rédaction de la loi, d'après le principe que si la loi doit être uniforme, c'est à la condition que rien de ce qui ne peut être uniforme ne soit édicté par la loi.

Observation ainsi rendue possible des effets comparés de la réglementation diverse d'une même loi, par les édits des provinces ou départements et les arrêtés des communes.

Fraternité, dans la mesure où elle est possible, par les assemblées communales; égalité, dans la mesure où elle est utile, par les assemblées départementales ou provinciales; liberté, dans la mesure où elle est nécessaire, par l'assemblée nationale.

VII.

Réforme pénale.

Révision, dans l'esprit de la constitution, de la législation civile et militaire.

Exposition par les codes, civil et de commerce, des principes qui régissent, par toute la France, les personnes et les propriétés, les institutions et la famille.

Élimination de leur texte, par voie de conséquence de l'abolition de tous impôts sur la production matérielle ou immatérielle, de toutes dispositions pouvant être considérées comme apportant à l'exercice des droits naturels de don, d'échange, de succession, de réunion, de publicité, d'association, une autre entrave préventive que la perspective de la répression dans les cas d'atteinte à la propriété ou à la liberté et de la façon déterminée par la loi.

Définition par exemple, de certains faits de presse, d'enseignement ou de culte, comme de contraventions comparables à des dépôts d'immondices, comme de délits assimilables à des tromperies sur la qualité de la marchandise vendue, à des vols, à des complicités d'attentats contre la vie publique ou privée, comme de crimes enfin, semblables à l'empoisonnement commis par un médecin dans l'exercice de sa profession.

Interdiction par contre, et nullité de plein droit de toute réglementation répressive, aussi bien que préventive, qui ne distinguant pas, dans les manifestations extra-parlementaires de l'opinion publique ou privée, l'appel à la raison de l'atteinte à la propriété ou à la liberté, c'est-à-dire ce qui n'est que le stimulant de la vie politique de ce qui n'est qu'un attentat contre cette vie politique elle-même, empêche la loi d'être sage en empêchant le législateur d'être éclairé, remplace par le silence ou l'adulation, par l'abstention ou le servilisme, les sincères remontrances et les félicitations utiles, impose aux protestations la violence pour leur permettre de se faire jour, et est elle-même, en deux mots, la critique, mais la critique seule véritablement funeste des personnes et des choses dont elle défend la critique.

Liberté de l'industrie et du commerce, de la presse, de l'enseignement et des cultes, ainsi entendue dans le sens de l'extension du droit commun, avec ses garanties, ses immunités, ses rigueurs, si l'on envisage l'objet, à tous les genres de propriété, personnelle, morale, matérielle, et si l'on envisage le sujet à tous les modes d'activité extérieure par paroles, écrits, actes, ou produits.

Gratuité de la justice, sauf condamnation à dommages-intérêts tant envers la partie qu'envers l'Etat.

Renvoi de toutes les affaires judiciaires, selon leur nature, devant un jury divisé en sections, les jurés, statuant sur le point de fait, le magistrat sur le point de droit.

Repression exacte ainsi pratiquée des contraventions définies par les assemblées communales, des délits définis par les assemblées départementales ou provinciales, aussi bien que des crimes définis par la loi, au moyen de pénalités ayant pour but la réparation du fait, ou la correction de son auteur, et basées, en ce qui concerne la réparation, sur le préjudice causé, en ce qui touche la correction, sur la perversité du coupable.

Solution en dommages intérêts ou amendes, de toute action en réparation pure et simple ; recours contre la commune d'inscription, pour le payement des amendes ou dommages intérêts avec faculté à elle laissée d'opter entre ses droits de saisie, de crédit et de radiation.

Graduation des peines correctionnelles entraînant la privation de la liberté selon le degré de perversité, depuis l'admission dans un établissement hospitalier ou colonial, fournissant les moyens de retourner au bien, jusqu'à la soumission au régime cellulaire, mettant tout au moins dans l'impossibilité de retourner au mal.

Répudiation par la loi de tout emploi de toute force, de toute arrestation notamment, en dehors du cas de flagrant délit, si ce n'est après jugement, sauf mise en état de siége.

Jugement sous leur responsabilité de l'opportunité des poursuites, par les gardes, agents et commissaires de police, en ce qui concerne les contraventions ; jugement sous leur responsabilité, tant de l'opportunité des poursuites que de la convenance du mandat d'amener en vue d'instruction, par les procureurs, en ce qui concerne les délits et les crimes.

Citation devant le jury pour abus de pouvoir,

et condamnation par lui, le cas échéant, non-seulement des agents de la force publique, mais de la partie du ministère public dépendant, comme les agents placés sous ses ordres, des assemblées départementales ou communales dont il ne doit être que l'organe.

Refonte opérée, d'après ces principes, tant du Code d'instruction criminelle et du Code de procédure que du Code pénal.

Remise, en cas de guerre étrangère ou civile, au moyen de la déclaration de mise en état de siége, par l'Assemblée nationale du commandement de toute force publique locale à l'autorité militaire précédemment constituée dans chaque province ou département.

Passage direct du même commandement à la même autorité en cas de violation de l'Assemblée nationale par suite de révolution, ou en cas de dissolution du Sénat par suite de coup d'État, avec obligation pour cette autorité de se mettre immédiatement à la disposition du Sénat en cas de violation de l'Assemblée nationale, ou à la disposition des assemblées départementales ou provinciales et communales en cas de dissolution du Sénat.

Extension de la discipline militaire dans les cas ci-dessus visés, à tous les citoyens de la commune, du département ou de la province, susceptibles d'appel.

Maintien de l'obéissance à cette discipline par l'homogénéité des corps et la permanence des cadres, non moins que par une pénalité rigoureuse et une juridiction spéciale.

Codification à ce point de vue et remaniement dans cet intérêt des lois sur l'organisation de l'armée.

Subordination ainsi reconnue, en principe et en fait, de la liberté à l'autorité, – à l'autorité, expression de la liberté de tous.

Règne de la loi politique et administrative.

VIII.

Réforme scolaire.

Affranchissement des liens du pouvoir civil ou temporel de ce qu'on peut appeler le pouvoir spirituel, c'est-à-dire de tout ce qui cherche à étendre indéfiniment, par le développement des sciences, des lettres et des arts, les pacifiqués conquêtes de l'homme sur la nature et sur lui-même.

Désintéressement de l'État de tout rôle de partie, pour prendre exclusivement, par l'intermédiaire des magistrats, au milieu des arts de la paix, le rôle de juge ayant en main le glaive de la loi.

Abstention particulière de toute intervention directe de sa part dans l'enseignement primaire.

Instruction obligatoire par les parents, au moyen de la révision du Code pénal aussi bien en ce qui concerne les devoirs des enfants envers leurs parents qu'en ce qui touche les devoirs des parents envers leurs enfants.

Instruction gratuite par les communes qui la jugeront opportune, et de la façon qu'elles préféreront au moyen d'honoraires à des particuliers, ou de subventions à des institutions religieuses ou laïques.

Instruction gratuite et obligatoire par l'État dans les casernes, les tribunaux et les prisons, ou plutôt dans les camps retranchés, les établissements juridiques et les pénitenciers agricoles appelés à les remplacer.

Abandon non moins complet de la part de l'État, de toute prétention à la direction de l'enseignement secondaire ou professionnel et supérieur.

Patronage de l'enseignement secondaire ou professionnel et supérieur aussi bien que primaire, par les villes, qu'elles soient capitale, chefs-lieux de département ou de province, ou villes libres.

Rénovation, en dehors de toute participation de l'Etat, de la méthode d'enseignement classique, par le principe de l'observation individuelle appliquée au contrôle, à l'acquisition, au développement de la vérité traditionnelle, ce patrimoine du genre humain de la possession plus ou moins complète duquel dépendent l'état et les manifestations de l'esprit public dans chaque pays, sous forme d'inspirations, d'aspirations ou de conspirations.

Rédaction des programmes, inspection des cours, surveillance des enfants dans les écoles, comme dans les manufactures, octroi des diplômes, par les corps librement institués en vue de cette diversité de ministères et d'enseignement.

Création d'écoles de magistrats, pour répondre aux besoins de la magistrature; d'écoles d'officiers, pour répondre aux besoins de l'armée; d'écoles de politiques et d'administrateurs, pour répondre aux besoins de l'organisation financière, d'écoles de diplomates et de consuls, pour répondre aux besoins du Conseil d'Etat.

Subvention à titre privé, par l'assemblée nationale, au nom de la capitale qu'elle administre, de l'Institut.

Affirmation de la foi de tous dans le salut commun, grâce à la seule puissance de la vérité, par l'impartialité de l'État entre les combattants.

Subordination ainsi reconnue en principe et en fait, de la raison à la foi, — à la foi, expression de la raison universelle.

Règne de la loi intellectuelle et religieuse.

IX.

Réformes ecclésiastique et consulaire

Réhabilitation de la science, et notamment de la religion.

Domination sur la politique de la morale rendue indépendante, non de la religion, dont elle constitue la pratique, mais de l'État.

Recherche par l'État de la justice, comme principe, comme but, comme moyen.

Examen dans cet esprit également conforme aux principes économiques et aux préceptes évangéliques de toutes les questions politiques intérieures et extérieures.

Restitution à l'Église, sous le contrôle de tous, la garantie des lois, sa propre responsabilité, de la faculté d'acquérir et de posséder, dans la mesure jugée nécessaire au fonctionnement de ses divers services.

Déduction, dans le compte de l'indemnité qui devra lui être allouée, de la valeur des immeubles consacrés au culte dont elle pourra devenir propriétaire.

Inscription à ce sujet, au Grand-Livre, d'une rente remplaçant le traitement actuel du clergé, et remboursable comme toutes les autres dettes par voie d'amortissement.

Exercice plein et entier rendu à l'Eglise de son droit à s'administrer elle-même, au moyen, par exemple, de la nomination des curés par les évêques, sur la proposition des laïques de chaque paroisse et l'avis des commissions cantonales; de la nomination des évêques par le pape, sur la proposition du clergé de chaque diocèse et l'avis de la section compétente du Conseil d'État; de l'élection du pape par les évêques réunis en concile, ou de toute autre façon qu'il appartient à elle elle seule de fixer définitivement.

Rayonnement du pouvoir spirituel du pape maintenu au chef-lieu de la catholicité, de gré à gré entre l'Eglise universelle et les populations intéressées, comme l'expression vivante du sacrifice que la foi aime à faire à la charité de tout ce qui n'est pas son espérance.

Non intervention par les armes au dehors, sans l'assentiment au moins secret des peuples civilisés, dûment constaté par les agents du conseil d'État en pays étrangers.

Inspection de ces agents choisis parmi les étrangers jouissant de la plus grande considération en même temps que possédant la connaissance la plus complète des besoins et des ressources de leur pays, par des délégués du Conseil d'Etat, connaissant le mieux les ressources et les besoins du nôtre.

Ouverture, par la même initiative, initiative privée, mais organisée et puissante, du Conseil d'État transformé, d'expositions et de cours dans les villes, de bibliothèques et de correspondances dans les moindres communes, ayant pour but unique parfois peut-être, de créer des débouchés, mais pour résultat, en tous cas, tout au moins de détruire des préjugés.

Expansion de la France dans le monde, ainsi déterminée, sauf le cas de légitime défense, ci-dessus visé, par son retour à l'intelligence et à la pratique des vérités économiques et religieuses sur lesquelles repose toute véritable colonisation aussi bien que toute annexion durable, aussi bien même que toute unité politique digne de ce nom.

Subordination, ainsi reconnue en principe et en fait de l'intérêt au devoir,—au devoir, expression de l'intérêt suprême.

Règne de la loi économique et morale.

X.

Réforme morale.

Progrès, matériel et moral, rendu possible, en principe, par l'unification de la liberté et de l'autorité, de la raison et de la foi, de l'intérêt et du devoir, et nécessaire, en fait, par le jeu de toutes ces lois, si l'on veut, de toutes ces forces tendant à s'organiser elles-mêmes sous le nom d'institutions, pour élever les intelligences, rapprocher les cœurs, identifier les volontés, hâter enfin l'avénement du règne du droit.

Réforme intérieure, par elles-mêmes opérée, sur ces bases, de la production, de la presse, de l'Université et de l'Église, devenues les instruments d'une politique de vie.

Fonctionnement régulier de ces grands ressorts sociaux supposant chez tous et imposant à chacun, riche et pauvre, l'intelligence de ses véritables intérêts, l'amour de la science, la pratique de ses devoirs, le culte de la justice, en un mot, la vertu à laquelle eux-mêmes devront leur mouvement.

Restauration dans la conscience, la famille, la patrie, du respect et des sentiments sacrés de la responsabilité et de la solidarité, aux lieu et place de l'indifférentisme des uns, du scepticisme des autres, du cosmopolitisme de plusieurs, et sous couleur de partis politiques, du protectionisme, du fonctionnarisme, du socialisme ou de l'égoïsme de tous.

Action et réaction salutaires de l'économie dans l'Etat, de l'accroissement de la richesse intellectuelle et morale, du développement de la véritable prospérité et de l'éducation du peuple.

Éducation du peuple par lui-même au moyen de la distribution aussi économique que possible de la justice; éducation du peuple par lui-même au moyen de l'obligation aussi universelle que possible, de l'instruction et du service militaires et juridiques; éducation du peuple par lui-même au moyen de la solidarité morale et financière aussi étendue que possible de la commune.

Mise à la charge des communes à défaut des parents, à la charge des provinces ou départements à défaut des communes, des devoirs de la paternité.

Union libre, sous cette réserve; mariage religieux.

Généralisation spontanée des deux pratiques qui donnent la meilleure mesure de la grandeur morale des peuples, celle des assurances sur la vie et celle de la liberté testamentaire.

Revivification du pouvoir qui, après avoir jadis résumé en lui tous les pouvoirs institués aujour-

d'hui dans le sein de la grande famille humaine,
ne doit pas se laisser absorber par eux, du pouvoir paternel : floraison, fructification, multiplication de la famille, cette aristocratie démocra-
tique; spécialisation d'aptitudes diverses dans
un fond commun de sagesse et de santé.

XI.

Réforme sociale.

Stabilité, assurée en principe par la subordination actuelle, dans les conditions définies,
de la liberté à l'autorité, de la raison à la foi, de
l'intérêt au devoir, assurée dans l'application : mo-
ralement, par l'irresponsabilité de l'Etat dans tout
ce qui ne fera plus partie de ses attributions essen-
tiellement restreintes, et matériellement, par la
concentration librement, utilement, fidèlement
consentie entre ses mains de tout ce qui concerne
la répression de l'injustice et sa supériorité sans
rivale possible dans le domaine de la force.

Garantie particulière fournie contre le retour
des révolutions, des coups d'Etat et des invasions,
par l'institution des provinces ou départements
organisés, dont chacune aura sa représentation
propre, lui permettant de ne point laisser prédo-
miner, ailleurs que dans la cité même, ou de faire
tourner à l'avantage de tous et à l'honneur de la
patrie commune, l'intérêt des grands centres de
population, et de contribuer par sa part d'élaboration dans les projets de loi, à l'amélioration inces-
sante de la législation générale du pays, mais dont
chacune aussi jouira d'une organisation judiciaire
et militaire la mettant en mesure, dans des cas

déterminés par la loi elle-même, de marcher contre l'ennemi, ou de se passer de la capitale, soit isolément, soit avec les autres provinces.

Autre garantie particulière, d'un ordre supérieur, offerte par la réforme du Conseil d'État, le vaste et sérieux développement de l'esprit d'association et de l'instruction économique, qui sera la conséquence de sa nouvelle organisation et le choix qui devra lui être confié de nos représentants dans les pays étrangers, à l'heureuse solution des problèmes sociaux et internationaux.

XII.

Conséquence.

Revanche certaine prise contre la Commune de Paris et la Prusse, par le triomphe de la civilisation ou de l'ordre établi sur le progrès et la stabilité, c'est-à-dire sur la force et le droit, et la subordination de la force au droit, — au droit, expression de la force non-seulement des hommes, mais des choses.

Couronnement de l'ordre naturel par cet ordre véritablement surnaturel.

Connaissance, amour, pratique, qui se confond avec la souveraine félicité, de la loi des lois, de quelque nom qu'on l'appelle, justice ou vérité.

Règne du droit tout ensemble populaire et divin.

Traduction possible du rétablissement de cet ordre aux yeux de l'Europe et du monde, dans un avenir plus ou moins éloigné, par l'élévation tant du chiffre que du niveau moral, intellectuel et physique de la population française, et l'acces-

sion libre et spontanée à la Constitution française
non-seulement des patriotiques populations qui
viennent de nous être arrachées mais de plusieurs contrées environnantes et lointaines, dans
un avenir plus ou moins rapproché, par la concentration dans le sein de l'assemblée nationale,
des assemblées tant générale que communale de
Paris, par la réunion dans la personne du chef
de l'État, de la qualité de maire ou gouverneur
de la capitale à celle de chef du pouvoir exécutif,
et, le Sénat restant à Versailles, comme symbole et
comme gage de l'union des classes et des partis,
par le transfert, dans ces conditions normales,
du siége tant du pouvoir exécutif que de la représentation nationale, au centre juridique et
militaire de la France régénérée.

XIII.

Résumé et réciproque.

En résumé, pour faire rentrer la Commune
de Paris et la Prusse dans leurs limites natu-
relles, la pratique montre qu'il est nécessaire,
la théorie prouve qu'il est suffisant, de faire
rentrer l'Etat dans les siennes.

Réciproquement, il suffit, mais il faut.

Décadence ou progrès.

Revanche ou anéantissement.

Septembre 1871.

Paris. Typ A. PARENT, rue Monsieur-le-Prince, 31.